Fucks/Gräff
Merkmalserfassung bei legasthenen Schülern

Wolfgang Fucks/Peter Gräff

Merkmalserfassung bei legasthenen Schülern

Anleitung zu Diagnoseverfahren und Therapiekontrolle

Beltz Verlag · Weinheim und Basel 1976

Das in diesem Band vorgeschlagene „Diagnose- und Verlaufsprotokoll zur Erfassung und Behandlung legasthener Schüler" (s. S. 59–62) kann vom Verlag direkt bezogen werden.
(10fach Sätze, Best.-Nr. 62015)

CIP-Kurztitelaufnahme der Deutschen Bibliothek

Fucks, Wolfgang
Merkmalserfassung bei legasthenen Schülern : Anleitung zu Diagnoseverfahren u. Therapiekontrolle / Wolfgang Fucks ; Peter Gräff. - Weinheim, Basel : Beltz, 1976.
   (Beltz-Praxis)
   ISBN 3-407-62008-X

NE: Gräff, Peter :

© 1976 Beltz Verlag · Weinheim und Basel
Gesamtherstellung: Beltz, Offsetdruck, 6944 Hemsbach über Weinheim
Printed in Germany

ISBN 3 407 **62008** X

Inhaltsverzeichnis

1. **Zum Begriff der Legasthenie** 7

2. **Diagnose der Legasthenie** 11
2.1 Die Meßgenauigkeit des diagnostischen Instrumentariums 11
2.1.1 Das Vertrauensintervall eines Meßwertes . 12
2.1.2 Der Vergleich von Meßwertdifferenzen . . 16
2.2 Operationalisierung der Diagnosekriterien 21
2.2.1 Leistungsschwäche im Lesen und/oder Rechtschreiben 22
2.2.2 Diskrepanz zwischen Lese- und/oder Rechtschreibleistung und allgemeinem intellektuellem Leistungsniveau 27
2.3 Klassifizierung des Schweregrades der Legasthenie 30

3. **Diagnosekriterien der Bundesländer** 33

4. **Therapiekontrolle** 39
4.1 Kontrolle des Therapieverlaufes 40
4.2 Überprüfung der Ausgangsdiagnose . . . 49

5. **Darstellung der Daten im Protokollbogen** Ein Fallbeispiel 51

6.	**Anhang**	63
6.1	Tabellen	63
6.2	Testverfahren zur Überprüfung der Lese-, Rechtschreib- und Intelligenzleistung im Rahmen der Legastheniediagnose	71
6.3	Literaturangaben zu den Bestimmungen der Bundesländer	78

1. Zum Begriff der Legasthenie

Sowohl die wissenschaftliche als auch die schulpraktische Auseinandersetzung mit den Problemen der Legasthenie ist erschwert durch die mangelnde Einheitlichkeit der Terminologie. Einigkeit besteht darüber, daß es sich bei der Legasthenie um eine Beeinträchtigung im Erwerb der Kulturtechniken Lesen und Schreiben handelt, die sich als Leistungsschwäche manifestiert. Über die Spezifität (Isoliertheit) und das Ausmaß der Schwäche gehen die Ansichten auseinander; Hinweise auf eine möglicherweise vorhandene Legasthenie sehen alle Autoren in Schwierigkeiten beim Leselernprozeß und (indirekt auch) beim Erlernen des regelgerechten Schreibens – trotz schulischer „Normalbedingungen"[1]. Die Auffälligkeiten lassen sich auf zwei Phänomene reduzieren: eine interindividuelle und eine intraindividuelle Leistungsschwäche. Zur Feststellung einer interindividuellen Leistungsschwäche

---

[1] Eine Definition, die sich weitgehend durchgesetzt hat, ist die von *M. Linder*: „Unter Legasthenie verstehen wir eine spezielle und aus dem Rahmen der übrigen Leistungen fallende Schwäche im Erlernen des Lesens (und indirekt auch des selbständigen fehlerfreien Schreibens) bei sonst intakter – oder im Verhältnis zur Lesefertigkeit – relativ guter Intelligenz." *Linder, Maria*: Lesestörungen bei normalbegabten Kindern. Zürich 1962, S. 13.

wird die Lese-/Rechtschreibleistung eines Probanden mit den diesbezüglichen Leistungen seiner Altersgenossen verglichen, wohingegen bei einem intraindividuellen Leistungsausfall ein Vergleich der Lese-/Rechtschreibleistung eines Probanden mit seinen Leistungen in weiteren Fächern (als Indikator seiner Lernfähigkeit) bzw. mit seiner Begabung/Intelligenz notwendig ist. Bei den meisten Autoren wird der erste Fall mit Lese-Rechtschreibschwäche, der zweite hingegen mit *isolierter* Lese-Rechtschreibschwäche (Legasthenie) bezeichnet. Diesem liegt die Annahme zugrunde, daß ein Mensch in Entsprechung zu seiner Intelligenz befähigt ist, sich mit seiner Umwelt auseinanderzusetzen, sich kulturellen Gegebenheiten anzupassen und somit auch in der Lage sein müßte, sich die Kulturtechniken Lesen und Schreiben – bei entsprechender Hilfe in angemessener Zeit – zu erwerben. Legasthenie im engeren Sinne beinhaltet also eine Inkongruenz zwischen allgemeiner Begabungshöhe (Intelligenz, übrige Schulleistungen) und der Fähigkeit zum Erwerb des Lesens und Schreibens. Eine Förderungsbedürftigkeit liegt sowohl bei isolierter wie auch bei nicht isolierter LRS vor.
In unserer bisherigen Betrachtung wurde der ätiologi-

sche Aspekt ausgeschlossen. Aber selbst unter phänomenologischem Gesichtspunkt gilt es, noch eine dritte Personengruppe zu berücksichtigen: bei sinnesgeschädigten Personen (insbesondere Seh- und Hörschädigungen) ebenso wie bei sprachgestörten ließe sich auch bei vorliegender Minderleistung im Lesen/Rechtschreiben häufig weder eine isolierte noch eine nicht isolierte Lese-Rechtschreibschwäche diagnostizieren. Ein ähnliches Problem liegt vor bei allgemein guter Begabung und dennoch umfänglichem Schulversagen (z. B. bei verhaltensgestörten Kindern). Zur Abklärung derartiger Zustandsbilder, u. U. auch der Frage primärer und sekundärer Symptomatik, bedarf es umfangreicher (differential-)diagnostischer Bemühungen, die hier nicht dargestellt werden sollen.

Verfolgt man die Literatur der letzten Jahre, so sind vielerorts Anstrengungen um eine begriffliche Operationalisierung festzustellen. Allerdings bestehen Unklarheiten über die notwendigen Bedingungen, welche erfüllt sein müssen, um von Legasthenie sprechen zu können. Anliegen dieser Hilfe zur Diagnose und Therapiekontrolle ist es, derartige Kriterien zu besprechen und einen praktikablen Vorschlag zu unterbreiten.

2. Diagnose der Legasthenie

Nach dem derzeitigen Stand der Definitionslage gibt es keinen durchgängig praktizierten Modus zur Erfassung legasthener Schüler. Es sei hier der Versuch unternommen, an Hand operationalisierter Diagnosekriterien ein weitgehend objektives Selektionsschema aufzuzeigen, das rein pragmatischer Natur ist und auf Plausibilitätsüberlegungen beruht, die die Meßgenauigkeit des eingesetzten diagnostischen Instrumentariums berücksichtigen.

2.1 Die Meßgenauigkeit des diagnostischen Instrumentariums

Jede psychologische Messung mit Hilfe eines standardisierten Testverfahrens ist aufgrund der eingeschränkten Zuverlässigkeit (Reliabilität) des verwendeten Meßinstrumentes mit einem Fehler behaftet, so daß wir den „wahren" Leistungswert eines Probanden nicht präzise erfassen können. Bei der Interpretation der einzelnen Testergebnisse wie auch bei der Diagnosestellung gilt es, diese Meßungenauigkeit zu berücksichtigen, um

Fehleinschätzungen und Fehlentscheidungen zu vermeiden.

2.1.1 Das Vertrauensintervall eines Meßwertes

Liegt für einen Probanden ein per Test gemessener Leistungswert X_t vor, so ist es möglich, ein Vertrauensintervall anzugeben, in dem der „wahre" Leistungswert bei einer vorgegebenen Irrtumswahrscheinlichkeit liegt. Dabei wird die Irrtumswahrscheinlichkeit meist mit 5% oder 1% angesetzt und in Prozent von 1 ausgedrückt (p = 0,05/p = 0,01).

Die Größe des Vertrauenswertes C ergibt sich aus der folgenden Beziehung:

$$(2.1) \quad C = z_{crit} \cdot s_t \cdot \sqrt{1 - r_{tt}}^{\,2}$$

---

[2] In Testhandbüchern wird häufig der Standardmeßfehler s_e angegeben, der durch folgende Beziehungsgleichung definiert ist:

$$s_e = s_t \cdot \sqrt{1 - r_{tt}}$$

Das aufgrund des Standardmeßfehlers berechnete Vertrauensintervall impliziert eine Irrtumswahrscheinlichkeit von etwa 32%. Durch

C: Vertrauenswert

z_{crit}: 1,96 für die Irrtumswahrscheinlichkeit
$p = 0,05$
2,58 für die Irrtumswahrscheinlichkeit
$p = 0,01$

s_t: Standardabweichung des Tests
(bei Zugrundelegung der T-Skala ist
$s_t = 10\,T$)

r_{tt}: Reliabilitätskoeffizient des Tests

Die Grenzen des Vertrauensintervalles (CL)[3] errechnen sich im Einzelfall unter Berücksichtigung des getesteten Leistungswertes X_t wie folgt:

(2.2) $CL = X_t \pm C$

Multiplikation des Standardmeßfehlers s_e mit dem Faktor z_{crit} (1,96 bzw. 2,58) kann die Irrtumswahrscheinlichkeit auf 5% bzw. 1% reduziert werden.

3 CL = Abkürzung für Confidential Limit

Für die untere bzw. obere Grenze des Vertrauensintervalles gilt also:

(2.3) $CL_u = X_t - C$

(2.4) $CL_o = X_t + C$

Das heißt der wahre Leistungswert eines Probanden liegt bei einer vorgegebenen Irrtumswahrscheinlichkeit innerhalb der Grenzen CL_u und CL_o.
Aus der Tabelle 4 im Anhang sind für verschiedene Werte von r_{tt} die entsprechenden Beträge von C in T-Einheiten abzulesen. (Wenn man sich dieser Tabelle bedient, muß der Leistungswert X_t des Probanden ebenfalls in T-Einheiten vorliegen. Gegebenenfalls müssen mit Hilfe der Tabelle 2 und 3 Prozentränge bzw. Prozentrangbänder in T-Einheiten umgewandelt werden.)

Beispiel Ein Proband wurde mit der Form A des DRT 2 ($r_{tt} = 0{,}92$) getestet und erzielte 26 Rohpunkte, was einem Prozentrang von PR = 5 entspricht. Aus Tabelle 2 im Anhang lesen wir den entsprechenden T-Wert ab:

$$PR = 5 \longrightarrow T = 33{,}55$$

Die Standardabweichung der T-Skala beträgt $s_t = 10\,T$, so daß sich unter Berücksichtigung einer Irrtumswahrscheinlichkeit von $p = 0{,}05$ ($z_{crit} = 1{,}96$) für die Größe C ergibt:

$$C = 1{,}96 \cdot 10 \cdot \sqrt{1-0{,}92}$$
$$C = 5{,}54$$

Den Wert für C entnehmen wir der Tabelle 4 im Anhang. Der „wahre" Leistungswert des Probanden liegt also innerhalb folgender Grenzen, wobei wir eine Irrtumswahrscheinlichkeit von 5% einkalkulieren:

$$CL = 33{,}55 \pm 5{,}54 \quad (T)$$
$$CL_u = 28{,}01\,T$$
$$CL_o = 39{,}09\,T \qquad (p = 0{,}05)$$

Nur dieser Bereich von 28,01–39,09 T ist unter Berücksichtigung der eingeschränkten Zuverlässigkeit des Tests interpretierbar und dient als Grundlage zur Klassifikation der Rechtschreibleistung des Probanden.

2.1.2 Der Vergleich von Meßwertdifferenzen

Häufig ergeben sich nach einer Testung folgende Fragestellungen:

(a) Unterscheiden sich bei einem Probanden die mit Hilfe zweier inhaltlich unterschiedlicher Tests erhobenen Leistungswerte deutlich (statistisch signifikant) voneinander?
Ist z. B. der Proband im Rechnen (Rechentest) tatsächlich besser als im Rechtschreiben (Rechtschreibtest)?
Ist das Rechtschreibniveau des Probanden deutlich geringer als das Intelligenzniveau?

(b) Hat sich im Verlauf der Zeit die testmäßig erfaßte Leistung innerhalb eines Schulleistungsbereiches

bei einem Probanden nachweisbar geändert?
Hat sich z. B. der Proband bei einer Nachtestung mit einem Rechtschreibtest im Vergleich zur Ersttestung tatsächlich verbessert? War das zwischenzeitliche Rechtschreibtraining erfolgreich?

(c) Unterscheiden sich zwei Probanden hinsichtlich ihrer erzielten Testleistung voneinander?
Ist z. B. Hans ein schlechterer Rechtschreiber als Peter?

Bei der Beantwortung dieser Fragestellungen gilt es natürlich ebenfalls, die eingeschränkte Zuverlässigkeit der verwendeten Testverfahren zu berücksichtigen. Ob eine beobachtete Differenz zwischen zwei Testergebnissen als rein zufällig interpretiert werden kann oder aufgrund einer nachweisbar vorhandenen Merkmalsunterschiedlichkeit zustandegekommen ist, kann durch das Konzept der „kritischen Differenzen" (vgl. *Lienert, G. A.*, Testaufbau und Testanalyse, Weinheim 1969³, S. 458ff.) entschieden werden.
Mit Hilfe der folgenden Formel ist es möglich, jene kritische Differenz (d_{crit}) zu bestimmen, innerhalb derer

zwei Testwerte zufällig differieren können, und die mindestens erreicht werden muß, wenn die beobachtete Differenz (d_{beob}) zweier Testwerte als überzufällig, als statistisch abgesichert gelten kann:

$$(2.5) \quad d_{crit} = z_{crit} \cdot s_t \cdot \sqrt{2 - (r_{11} + r_{22})}$$

d_{crit}: kritische Differenz

z_{crit}: 1,96 für die Irrtumswahrscheinlichkeit
$p = 0,05$
2,58 für die Irrtumswahrscheinlichkeit
$p = 0,01$

s_t: Standardabweichung der verwendeten Testverfahren (T-Skala: $s_t = 10\,T$)

r_{11}: Reliabilitätskoeffizient des ersten Tests

r_{22}: Reliabilitätskoeffizient des zweiten Tests

Die beobachtete Differenz (d_{beob}) zwischen zwei Leistungswerten X_1 und X_2 ist bei einer vorgegebenen Irrtumswahrscheinlichkeit (p = 0,05/p = 0,01) dann überzufällig, wenn gilt:

(2.6) $d_{beob} \geq d_{crit}$

d_{beob}, ergibt sich aus der Meßwertdifferenz $(X_1 - X_2)$, wobei X_1 der größere der beiden Meßwerte ist.
Tabelle 5 im Anhang enthält kritische Differenzen für unterschiedliche Reliabilitätskoeffizienten zweier Testverfahren. Unterhalb der Diagonalen sind die entsprechenden Werte bei einer Irrtumswahrscheinlichkeit von p = 0,05 angegeben, oberhalb der Diagonalen bei einer Irrtumswahrscheinlichkeit von p = 0,01.

(a) Der Proband A erzielt im LT 2 und DRT 2 folgende Leistungswerte: **Beispiel**

LT 2/Form A ($r_{tt} = 0,94$):
Rohpunkte = 30 → PR-Band = 14–28 → *T = 42*

DRT 2/Form A ($r_{tt} = 0,92$):
Rohpunkte = 26 → PR = 5 → *T = 33,55*[4]

---
[4] Siehe Tab. 2 im Anhang.

Als Vergleichsgrundlage ziehen wir die beiden T-Werte heran und berechnen die beobachtete Differenz:

$d_{beob} = 42 - 33{,}55$ (T)

$d_{beob} = 8{,}45$ T

Für die kritische Differenz ergibt sich:

$d_{crit} = 1{,}96 \cdot 10 \cdot \sqrt{2 - (0{,}94 + 0{,}92)}$ (T); $p = 0{,}05$

$d_{crit} = 7{,}33$ T

Dieser Wert kann unmittelbar aus Tab. 5 im Anhang entnommen werden.

Entscheidung Da gilt 8,45 T (d_{beob}) > 7,33 T (d_{crit}), ist die beobachtete Differenz statistisch signifikant, wobei eine Irrtumswahrscheinlichkeit von höchstens 5% in Kauf genommen wird. (Auf dem 1% Niveau der Verläßlichkeit, wofür sich ein d_{crit} von 9,65 T ergibt, kann die beobachtete Differenz nicht als statistisch abgesichert gelten.)

Interpretation: Beim leisen, sinnverstehenden Lesen

(gemessen mit dem LT 2) erzielt der Proband deutlich bessere Leistungen als im Rechtschreiben (DRT 2). Das hier am Beispiel erläuterte statistische Entscheidungsschema kann analog auf die Fragestellungen (b) und (c) s. o. S. 16ff. angewendet werden.

2.2 Operationalisierung der Diagnosekriterien

Aus der Fülle der in der Legasthenie-Literatur vorfindbaren Definitionen können folgende symptomatische Primärmerkmale abgeleitet werden, die das Erscheinungsbild des Legasthenikers umrißhaft festlegen und als notwendige Bedingungen gelten:

(1) Eine Leistungsschwäche im Lesen und/oder Rechtschreiben.

(2) Eine Diskrepanz zwischen der Lese- und/oder Rechtschreibleistung einerseits und dem (besseren) allgemeinen intellektuellen Leistungsniveau andererseits[5].

---

5 Das häufig in der Literatur angeführte Zusatzkriterium „mindestens durchschnittliche Intelligenz" erachten wir weder als eine notwen-

Diese beiden Merkmale werden wie folgt präzisiert:

2.2.1 Leistungsschwäche im Lesen und/oder Rechtschreiben

Von einer *Leistungsschwäche* sprechen wir dann, wenn ein Proband im interindividuellen Vergleich Minderleistungen aufweist, d. h. wenn seine Lese-/Rechtschreibleistung vom Durchschnitt der entsprechenden Bezugspopulation abweicht.

Operationalisierung

Wir definieren „Leistungsdurchschnitt" als jenen Leistungsbereich, der durch die empirisch erfaßte Lei-

---

dige Bedingung der Legasthenie noch als pädagogisch gerechtfertigt. Auch bei unterdurchschnittlichem intellektuellem Leistungsniveau kann eine Diskrepanz zur (noch schlechteren) Lese-/Rechtschreibleistung vorliegen. So ist z. B. bei einem Teil lernbehinderter Sonderschüler eine relative Leistungsschwäche im Lesen/Rechtschreiben durchaus zu beobachten. Eine Definition der Legasthenie sollte aber keinen Ausschluß dieses Personenkreises von gesetzlich geregelten Fördermaßnahmen bewirken. (S. auch *Berg, K.-H.*: Neues zur Legastheniepädagogik. In: Die Sprachheilarbeit, 18. Jg., Hft. 4, 1973, S. 97–107.)

stungsfähigkeit der mittleren 50% der Bezugs-Population (= Eichpopulation des verwendeten Testverfahrens) beschrieben wird. Die Grenzen dieses Bereiches werden durch den Prozentrang PR = 25 ($\hat{=}$ 43,26 T-Einheiten) und PR = 75 ($\hat{=}$ 56,74 T-Einheiten) festgelegt.

Eine *negative Abweichung* vom Leistungsdurchschnitt ist dann zu konstatieren, wenn der erzielte Leistungswert eines Probanden unterhalb der unteren Grenze des Durchschnittsbereiches liegt, d.h. im unteren Leistungsviertel.

Unter Berücksichtigung der Meßungenauigkeit der verwendeten Testverfahren kann der erzielte Leistungswert des Probanden in dreifacher Weise klassifiziert werden:

(a) Der Leistungswert des Probanden liegt mit hoher statistischer Wahrscheinlichkeit ($p \leq 0{,}05 / p \leq 0{,}01$) im unteren Leistungsviertel.
Dieser Sachverhalt ist dann gegeben, wenn gilt:

(2.7) $CL_o < 43{,}26\ T$

CL_o (die obere Grenze des Vertrauensintervalles, in dem der „wahre" Leistungswert des Probanden liegt) ergibt sich nach der Gleichung (2.4). Wir bezeichnen die so definierte Leistung als *unterdurchschnittlich*.

Ein Proband, der in einem Rechtschreibtest mit einer Reliabilität von $r_{tt} = 0{,}92$ einen Leistungswert von 37 T-Einheiten erreicht ($CL_o = 42{,}54$ T), weicht mit dieser Leistung signifikant vom Leistungsdurchschnitt ab. Die Irrtumswahrscheinlichkeit dieser Aussage beträgt $p \leq 0{,}05$ (s. Abb. 1/A).

(b) Der Leistungswert eines Probanden liegt möglicherweise im unteren Leistungsviertel.

Diese Aussage ist dann gerechtfertigt, wenn gilt:

(2.8) $\quad CL_u < 43{,}26 \text{ T} \leq CL_o$

CL_u und CL_o (obere und untere Grenze des Vertrauensintervalles, in dem der „wahre" Leistungswert des Probanden liegt) ergeben sich nach Gleichung (2.3) und (2.4).

Wir bezeichnen eine so definierte Leistung als *bedingt unterdurchschnittlich*.
Erzielt ein Proband in einem Rechtschreibetest mit einer Reliabilität von $r_{tt} = 0{,}92$ einen Leistungswert von 48 T-Einheiten ($CL_u = 42{,}46$ T/$CL_o = 53{,}54$ T), dann ist nicht auszuschließen, daß sein „wahrer" Leistungswert im unteren Leistungsviertel liegt. Seine Rechtschreibleistung ist bedingt unterdurchschnittlich (s. Abb. 1/B).

(c) Der Leistungswert des Probanden liegt mit hoher statistischer Wahrscheinlichkeit ($p = 0{,}05 / p = 0{,}01$) oberhalb des unteren Leistungsviertels.
Diese Feststellung kann dann getroffen werden, wenn gilt:

(2.9) $\quad CL_u \geq 43{,}26$ T

Die so definierte Leistung bezeichnen wir als *mindestens durchschnittlich*; es liegt keine *Leistungsschwäche* vor.
Ein Proband, der in demselben Rechtschreibtest ($r_{tt} = 0{,}92$) einen Leistungswert von 49 T-Einheiten

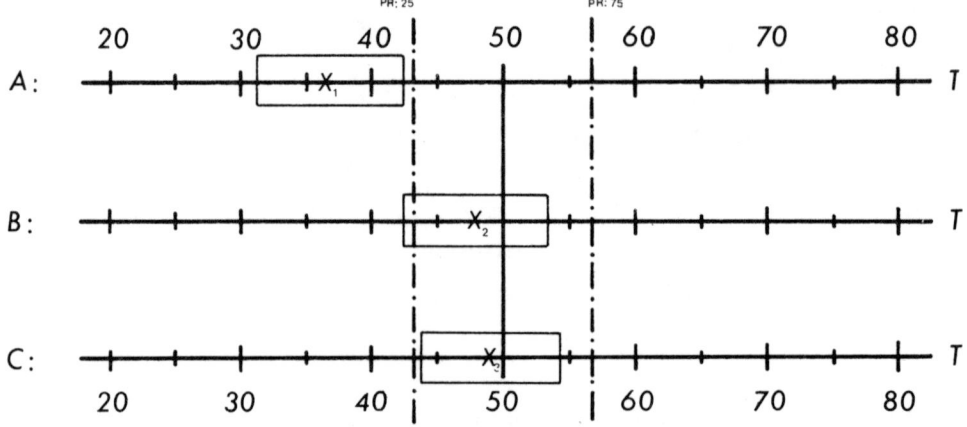

Abb. 1: Beispiele zur Klassifikation der Rechtschreibleistung
A: unterdurchschnittliche Leistung
  (schwere Leistungsschwäche)
B: bedingt unterdurchschnittliche Leistung
  (leichte Leistungsschwäche)
C: durchschnittliche Leistung
  (keine Leistungsschwäche)

erreicht ($CL_u = 43{,}46$ T) gehört damit statistisch nachweisbar nicht mehr dem unteren Leistungsviertel an (Irrtumswahrscheinlichkeit: $p = 0{,}05$), seine Leistung kann als mindestens durchschnittlich bezeichnet werden. Eine Leistungsschwäche im definierten Sinne ist nicht vorhanden (s. Abb. 1/C).

2.2.2 Diskrepanz zwischen Lese- und/oder Rechtschreibleistung und allgemeinem intellektuellem Leistungsniveau

Das „allgemeine intellektuelle Leistungsniveau" wird zu einem gewissen Teil durch die erzielten Leistungen in den übrigen Schulfächern repräsentiert. Da jedoch infolge leistungshemmender Sekundäreffekte einer vorhandenen Legasthenie auch andere Schulleistungsbereiche beeinträchtigt sein können, bedienen wir uns zur Abschätzung des intellektuellen Leistungsniveaus eines Intelligenztestes, der inhaltlich weniger schultypische Aufgabenstellungen enthält.

Von einer *Diskrepanz* sprechen wir dann, wenn die Lese- und/oder Rechtschreibleistung deutlich unter dem Intelligenzniveau liegt.

Wir definieren den Sachverhalt der Diskrepanz zwischen Lese- und/oder Rechtschreibleistung einerseits und dem allgemeinen intellektuellen Leistungsniveau andererseits als statistisch signifikante Differenz zwischen dem per Test erfaßten Leistungswert im Lesen

Operationalisierung

und/oder Rechtschreiben und dem Leistungswert in einem Intelligenztest.
Eine Diskrepanz liegt vor, wenn gilt:

$$X_{(I)} - X_{(L/R)} \geq d_{crit}$$

$X_{(I)}$: Leistungswert in einem Intelligenztest (in T-Einheiten)

$X_{(L/R)}$: Leistungswert in einem Lese- bzw. Rechtschreibtest (in T-Einheiten)

d_{crit}: kritische Differenz nach Gleichung (2.5), direkt ablesbar aus Tabelle 5 im Anhang

Es empfiehlt sich im allgemeinen, d_{crit} auf dem 1%-Niveau zu ermitteln, d.h. bei dieser Entscheidung eine Irrtumswahrscheinlichkeit von höchstens 1% (p = 0,01) in Kauf zu nehmen.
Ist z.B. der Leistungswert in einem Rechtschreibtest mit einer Reliabilität von $r_{tt} = 0{,}92$ um mindestens 9,65 T-Einheiten geringer als der Leistungswert in einem Intelligenztest mit einer Reliabilität von $r_{tt} = 0{,}94$, kann eine statistisch nachweisbare Diskrepanz zwi-

schen Rechtschreibleistung und Intelligenzniveau konstatiert werden.

Eine Legasthenie liegt vor, wenn mindestens folgende Bedingungen erfüllt sind: **Zusammenfassung**

---

1. Für die Lese- und/oder Rechtschreibleistung gilt entweder

    a) $CL_o < 43{,}26\,T \rightarrow$ unterdurchschnittlich (schwere Leistungsschwäche)

oder

    b) $CL_u < 43{,}26\,T \leq CL_o \rightarrow$ bedingt unterdurchschnittlich (leichte Leistungsschwäche)

2. Für die Diskrepanz zwischen Intelligenzniveau und Lese- und/oder Rechtschreibleistung gilt:

$X_{(I)} - X_{(L/R)} \geq d_{crit}$

CL_o (obere Grenze des Vertrauensintervalles) ergibt sich nach Definitionsgleichung (2.4)

CL_u (untere Grenze des Vertrauensintervalles) ergibt sich nach Definitionsgleichung (2.3)

d_{crit} ist definiert durch Gleichung (2.5)

2.3 Klassifizierung des Schweregrades der Legasthenie

Der Schweregrad einer Legasthenie, der sich einerseits aus dem Grad der beobachteten Leistungsschwäche im Lesen/Rechtschreiben und andererseits aus der Größe der Diskrepanz zum allgemeinen intellektuellen Leistungsvermögen ergibt, kann aufgrund der Meßungenauigkeit der verwendeten Testverfahren nicht sinnvoll präzisiert werden.
Zur Beschreibung des diagnostischen Befundes empfiehlt sich daher folgendes Vorgehen:

Klassifizierung der spezifischen Leistungsschwäche im Lesen/Rechtschreiben als schwer oder leicht nach dem Diagnosekriterium (1) unter Berücksichtigung qualitativer Momente (Fehlersymptomatik) des Leistungsbildes.

Klassifizierung des Intelligenzniveaus nach dem Klassifikationsschema von *Wechsler* (s. Tabelle 6 im Anhang) unter Einbeziehung des Vertrauensintervalles, das dem ermittelten Leistungswert in einem Intelligenztest zuzuordnen ist.

Darüberhinaus sollte man je nach Besonderheit des Einzelfalles weitere Informationen sammeln, die für eine gezielte Therapie unerläßlich sind. So gilt es z. B., etwa vorhandene Funktionsbeeinträchtigungen im Bereich der visuellen und akustischen Wahrnehmungs-, Differenzierungs- und Strukturierungsfähigkeit ausfindig zu machen, typische Sprach- und Konzentrationsschwierigkeiten zu erkennen, wie auch psychomotorische, emotionale und soziale Verhaltenscharakteristika zu berücksichtigen. Die unter differentialdiagnostischem Aspekt relevanten Daten können zum einen mit Hilfe zusätzlicher Testverfahren oder informeller Verhaltensproben ermittelt werden, zum anderen aber durch eine gezielte Verhaltensbeobachtung, auf die man unter keinen Umständen verzichten sollte.

3. Diagnosekriterien der Bundesländer

Ein Vergleich der von den Kultusministerien der einzelnen Bundesländer veröffentlichten Diagnoseempfehlungen[6] bestätigt das Fehlen präziser diagnostischer Bestimmungen. Zwar finden sich teilweise Angaben über zu verwendende psychologische Testverfahren (so in den Bestimmungen von Bremen und Niedersachsen) sowie Beschreibungen legasthener Fehlersymptomatologien (z. B. Baden-Württemberg, Schleswig-Holstein), jedoch mangelt es an einer praktikablen Legastheniedefinition. Sinngemäß wird häufig die *Linder*sche Definition übernommen (im Wortlaut in einer Berliner Ausführung), wobei die „relativ gute Intelligenz" nicht selten als mindest durchschnittlich interpretiert wird (Rheinland-Pfalz, Baden-Württemberg). Soweit aus den uns zur Verfügung stehenden länderspezifischen Richtlinien, Erlassen etc. ersichtlich war, unternehmen nur Baden-Württemberg, Hamburg sowie Rheinland-Pfalz den Versuch einer Operationalisierung. So ist in den Richtlinien Baden-Württembergs die mindest durchschnittliche Intelligenz präzisiert durch den Wert 95 IQ „unter Berücksichtigung der

---

6 s. Anhang 6.3.

unteren Grenze des Standardmeßfehlerbereichs". Hierbei muß man sich fragen, weshalb diejenigen Schüler mit einem *möglicherweise* durchschnittlichen IQ ausgeklammert bleiben: unter Anwendung üblicher Klassifizierungsvorschläge (z. B. nach *Wechsler*[7], der durchschnittliche Intelligenz als die Leistung der mittleren 50% der Verteilung definiert) wären auch die Probanden zu berücksichtigen, die einen Wert von 90 IQ abzüglich des Meßfehlerbereiches erreichen.

Bei der Kennzeichnung der Legasthenie als einer partiellen Schwäche (Schleswig-Holstein, Nordrhein-Westfalen) scheint die Forderung nach mindest durchschnittlicher Intelligenz sogar nur insofern als sinnvoll, als daß sie bei unterdurchschnittlicher Lese- und/oder Rechtschreibleistung eine bedeutende Diskrepanz zur Intelligenz wahrscheinlich macht.

In Rheinland-Pfalz wird diese Diskrepanz mit 10–15 T-Einheiten festgelegt (vgl. z. B. Amtliches Schulblatt für den Regierungsbezirk Koblenz, Nr. 1/1974, S. 2f.). Darüberhinaus liegt auch dann eine Legasthenie vor,

---

[7] *Wechsler, D., Hardesty, A.* und *Lauber, H.*: Die Messung der Intelligenz Erwachsener: Textband zum Hamburg-Wechsler-Intelligenztest für Erwachsene – HAWIE. Bern und Stuttgart 1956.

wenn die Lese- und/oder Rechtschreibleistung kleiner oder gleich Prozentrang 10 ist bei mindest durchschnittlicher Intelligenz, nach unten definiert durch 85 – 5 IQ. Die zweite Bestimmung beinhaltet eine Unstimmigkeit, sofern man bedenkt, daß ihr zufolge Schüler, die intelligenzgemäße Lese/Rechtschreibleistungen erbringen als Legastheniker diagnostiziert werden können, da sich die Skalenwerte PR 10 und IQ 80 annähernd entsprechen (PR: 10 $\hat{=}$ 37.18 T; IQ: 80 $\hat{=}$ 36.67 T). Der erste Fall erfaßt ebenfalls Schüler, bei denen die Bezeichnung Legastheniker nicht unbedingt pädagogisch sinnvoll ist; so kann ein Proband mit befriedigenden oder gar guten Leistungen im Lesen und Rechtschreiben[8] aufgrund seiner hohen Intelligenz durchaus eine Diskrepanz von 10–15 T-Einheiten aufweisen und gehört damit zur Gruppe der Legastheniker (s. a. Fernstudienlehrgang Legasthenie. Weinheim und Basel, 1974, Studienbegleitbrief 1 S. 66).
Die „Dienststelle Schülerhilfe" in Hamburg verzichtet auf eine Intelligenzüberprüfung, „solange nicht Sonder-

---

[8] So genügen z. B. 2 Fehler im DRT 2 (PR: 91–95 $\hat{=}$ 65 T) bei einem Intelligenzniveau von 145 IQ $\hat{=}$ 80 T um als „Legastheniker" diagnostiziert zu werden.

schul(L)-Bedürftigkeit festgestellt worden ist" (briefliche Mitteilung vom 20. 6. 75) – also Lernbehinderung vorliegt. In den Kreis der Schüler, die eine spezielle Förderung erhalten können, kommen diejenigen, die im Rechtschreiben eine Leistung von PR 15 und darunter erreichen; zusätzlich wird ein Lesetest (BLT 1–2; Bremer Lesetest von *Niemeyer*) durchgeführt. Eine Finanzierung der Förderung durch das Sozialamt erfolgt erst bei „wesentlicher Behinderung", die dann vorliegt, wenn ein Schüler „in einem Rechtschreibtest für eine Klassenstufe ... lediglich auf einen PR = 1 gekommen ist" (LRS-Rundbrief, April 75).

Werden zur Diagnosestellung Legasthenie in verstärktem Maße die Schulleistungen hinzugezogen (vgl. Baden-Württemberg, Schleswig-Holstein, Nordrhein-Westfalen), so ist hierzu sicherlich positiv anzumerken, daß Intelligenz nicht mit schulischem Erfolg identisch ist; allerdings impliziert diese Vorgehensweise die Gefahr der Fehleinschätzung aufgrund eines bekanntlich wenig objektiven Bewertungsverfahrens (Notengebung) und droht, Schülern mit einem allgemeinen Leistungsversagen i. S. einer Sekundärsymptomatik nicht gerecht zu werden.

Aus den Erfordernissen der Praxis ergibt sich die Notwendigkeit, Diagnosekriterien möglichst operational zu fassen. Dabei müssen willkürliche Festlegungen getroffen werden, die nur durch Plausibilitätserklärungen gestützt werden können (z. B. erst bei einem Leistungswert von unter PR 25 im Rechtschreiben sprechen wir von Legasthenie). Bei der Realisierung derartiger Bestimmungen darf allerdings die sich aus der Meßungenauigkeit unseres derzeitigen Instrumentariums ergebende Relativierung nicht ausbleiben. Eine dadurch bedingte Erhöhung der Vorkommenshäufigkeit legasthener oder legasthenieverdächtiger Kinder muß dabei in Kauf genommen werden.

4. Therapiekontrolle

Die Beurteilung der Effektivität und Dauer einer gezielten Therapie hängt im wesentlichen von der Beantwortung folgender Fragestellungen ab:

Wie ist der Leistungsverlauf des Schülers im Lesen/Rechtschreiben zu beurteilen?
Können echte Leistungsfortschritte nachgewiesen werden?
War die bisherige Therapiestrategie in Hinblick auf eine generelle Leistungsverbesserung im Lesen/Rechtschreiben erfolgreich?

Ist der Schüler noch ein Legastheniker?
Hat sich bei ihm im Verlauf der Therapie eine Merkmalsveränderung derart vollzogen, daß er nicht mehr dem legastheniespezifischen Erscheinungsbild entspricht?

Ein weitgehend objektiviertes Entscheidungsmodell soll die Beantwortung dieser Fragestellungen erleichtern.

4.1 Kontrolle des Therapieverlaufes

Durch systematischen Einsatz standardisierter Testverfahren sollten im Verlauf der Therapiephase mögliche Leistungsveränderungen und damit auch die Effektivität der eingeschlagenen Behandlungsstrategie objektiv abgesichert werden. Die ermittelten Testwerte im Lesen/Rechtschreiben können in einem Verlaufsprofil dargestellt und jeweils mit der Ausgangstestung verglichen werden (s. Abb. 2).

Problemstellung (A) Ist die bei den einzelnen Nachtestungen beobachtete Leistungsveränderung im Vergleich zur Ausgangstestung signifikant?

Zur Lösung dieser Problemstellung kann das Konzept der „kritischen Differenzen" (s. S. 16ff.) herangezogen werden. Bezeichnen wir die Ausgangstestung mit X_0 und eine bestimmte Nachtestung mit X_i (i = Ordnungsnummer der jeweiligen Nachtestung), so ergibt sich für die beobachtete Differenz d_{beob}:

$$(4.1) \quad d_{beob} = X_i - X_0$$

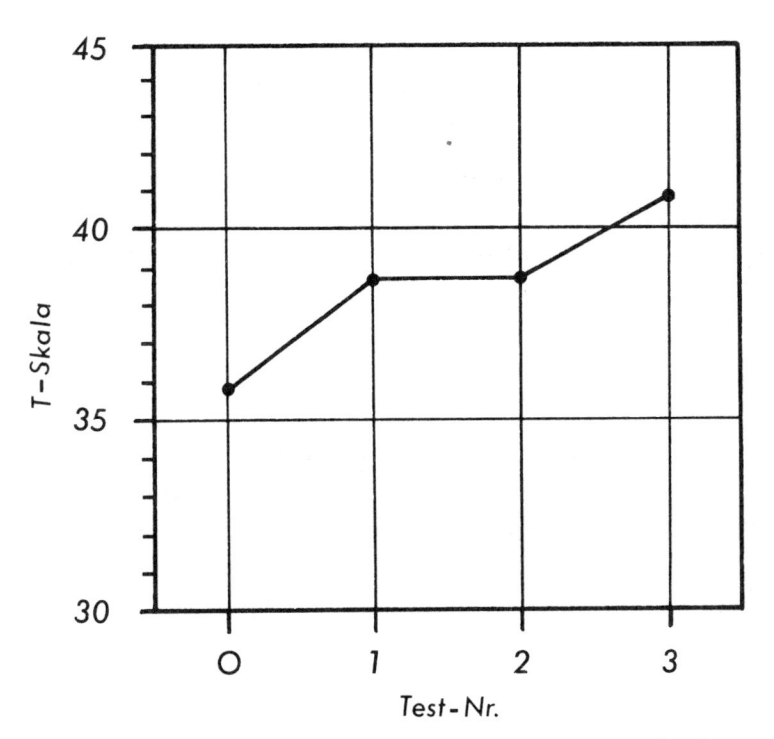

Abb. 2: Verlaufsprofil der Rechtschreibleistung eines Legasthenikers

Ein negativer Wert für d_{beob} bedeutet Leistungsabfall, ein positiver Wert Leistungsanstieg. Zur Beurteilung der Signifikanz der Leistungsveränderung ziehen wir den (absoluten) Betrag von d_{beob} heran, den wir mit d_{crit} (nach Formel 2.5/Tabelle 5 im Anhang) vergleichen. Eine signifikante Leistungsveränderung liegt dann vor, wenn gilt:

(4.2) $\quad |d_{beob}| \geq d_{crit} \quad$ (T-Skala)

Ist diese Bedingung erfüllt, so kann die beobachtete Differenz als Folge einer tatsächlichen Merkmalsveränderung interpretiert werden, d.h. es handelt sich um einen (statistisch) gesicherten Leistungsanstieg bzw. Leistungsabfall.

Beispiel Wir vergleichen die mit dem DRT 2 erhobenen Werte einer Ausgangstestung und der ersten Nachtestung (s. Abb. 2):

Ausgangstestung: DRT 2/Form A ($r_{tt} = 0{,}92$):

PR = {6–10} $\longrightarrow$ X_0 = 35,82 T
(nach Tab. 3 im Anhang)

1. Nachtestung: DRT 2/Form B (r_{tt} = 0,92)

PR = {11–15} $\longrightarrow$ X_1 = 38,68 T
(nach Tab. 3 im Anhang)

d_{beob} = 38,68 T − 35,82 T

d_{beob} = 2,86 T

Die kritische Differenz d_{crit} entnehmen wir aus Tab. 5 im Anhang, wobei wir eine Irrtumswahrscheinlichkeit von p = 0,05 ansetzen:

d_{crit} = 7,84 T

Da 2,86 T ($|d_{beob}|$) < 7,84 T (d_{crit}), ist die beobachtete Differenz nicht signifikant. Der numerische Unterschied zwischen den beiden Testungen kann rein zufälliger Natur sein, d.h. es kann nicht nachgewiesen werden, daß der etwas höhere Wert der Nachtestung aufgrund einer tatsächlichen Merkmalsveränderung (Leistungsverbesserung im Rechtschreiben) zustandegekommen ist.

Auf diese Weise ist es möglich, jede weitere Nachtestung X_i mit der Ausgangstestung X_0 zu vergleichen. Ebenso können auch die Nachtestungen untereinander verglichen werden.

Diese Methode der statistischen Überprüfung von Meßwertdifferenzen „verschenkt" jedoch einen beträchtlichen Teil an testmäßig erfaßter Information. Es werden jeweils immer nur zwei Testergebnisse miteinander verglichen, wobei die *Aufeinanderfolge* der einzelnen Testergebnisse unberücksichtigt bleibt. Bei dem in der Abb. 2 dargestellten Leistungsverlauf unterscheidet sich kein Testwert irgendeiner Nachtestung signifikant von dem der Ausgangstestung. Die Tatsache, daß die Ergebnisse aller drei Nachtestungen tendenzmäßig gleichsinnig von dem Ausgangsniveau abweichen, legt jedoch die Hypothese nahe, daß dies nicht mehr durch den Einfluß zufälliger Faktoren zu erklären ist, sondern durch eine kontinuierliche Merkmalsveränderung im Verlauf der Zeit. Zur Überprüfung dieser Hypothese sei das von *Lienert* (a.a.O. S. 455ff.) aufgezeigte Verfahren herangezogen.

Ist im Nacheinander verschiedener Testungen an ein und demselben Probanden eine im Durchschnitt gleichsinnige Abweichung von einem gesetzten Ausgangswert X_0 zu beobachten?

Problemstellung (B)

Das heißt: Kann im Verlauf der Zeit die Tendenz einer tatsächlichen Merkmalsveränderung im Vergleich zu einer bestimmten Ausgangslage nachgewiesen werden? Man vergleicht zunächst jede einzelne Nachtestung X_i mit der Ausgangstestung X_0 und berechnet nach der folgenden Formel die Größe z_i, die sowohl positive als auch negative Werte annehmen kann:

(4.3) $$z_i = \frac{X_i - X_0}{s_t \cdot \sqrt{2 - (r_{11} + r_{22})}}$$

- i: Ordnungsnummer der Nachtestung
- X_i: Meßwert der i-ten Nachtestung
- X_0: Meßwert der Ausgangstestung
- s_t: Standardabweichung der Testverfahren
- r_{11}, r_{22}: Reliabilitätskoeffizienten der Testverfahren

Der zahlenmäßige Wert für den Ausdruck im Nenner, der dem Standardmeßfehler einer Meßwertdifferenz entspricht, kann aus der Tab. 7 im Anhang entnommen werden.

Zur Beurteilung der Tendenz des Leistungsverlaufes addiert man unter Berücksichtigung der Vorzeichen (!) die einzelnen Werte für z_i auf $(z_1 + z_2 + \ldots + z_n)$ und prüft nach folgendem Kriterium, wobei sich z_{crit} nach der vorgegebenen Irrtumswahrscheinlichkeit richtet. Die Tendenz des beobachteten Leistungsverlaufes ist signifikant, wenn gilt:

(4.4) $\quad \sum_{i=1}^{n} z_i \geq z_{crit} \qquad z_{crit}$: 1,96 für $p \leq 0,05$
$\phantom{(4.4) \quad \sum_{i=1}^{n} z_i \geq z_{crit} \qquad z_{crit}:}$ 2,58 für $p \leq 0,01$
$\phantom{(4.4) \quad \sum_{i=1}^{n} z_i \geq z_{crit} \qquad z_{crit}:}$ 3,29 für $p \leq 0,001$

$\quad z_i$: nach Formel (4.3)
$\quad\, i$: Ordnungsnummer der Nachtestung

$\quad n$: Anzahl der Nachtestungen

Erreicht oder überschreitet also die Summe der einzelnen Werte für z_i den kritischen Prüfwert z_{crit}, dann kann die im Verlauf der Zeit testmäßig erfaßte Tendenz der Leistungsveränderung als statistisch abgesichert gelten.

Beispiel

Leistungsverlauf eines legasthenen Schülers im Rechtschreiben (s. Abb. 2):

Ausgangstestung: DRT 2/Form A ($r_{tt} = 0{,}92$)

$$PR = \{6\text{--}10\} \longrightarrow X_0 = 35{,}82 \text{ T}$$

1. Nachtestung: DRT 2/Form B ($r_{tt} = 0{,}92$)

$$PR = \{11\text{--}15\} \longrightarrow X_1 = 38{,}68 \text{ T}$$

2. Nachtestung: DRT 3/Form A ($r_{tt} = 0{,}92$)

$$PR = \{11\text{--}15\} \longrightarrow X_2 = 38{,}68 \text{ T}$$

3. Nachtestung: DRT 3/Form B ($r_{tt} = 0{,}92$)

$$PR = \{16\text{--}20\} \longrightarrow X_3 = 40{,}82 \text{ T}$$

Zur Berechnung der z_i bedienen wir uns der Formel (4.3), wobei die Werte für den Nenner aus Tabelle 7 im Anhang entnommen werden:

$$z_1 = \frac{38{,}68\,T - 35{,}82\,T}{4} = 0{,}715$$

$$z_2 = \frac{38{,}68\,T - 35{,}82\,T}{4} = 0{,}715$$

$$z_3 = \frac{40{,}82\,T - 35{,}82\,T}{4} = 1{,}250$$

$$\sum_{i=1}^{3} z_i = 0{,}715 + 0{,}715 + 1{,}25 = 2{,}68$$

Da 2,68 (Σz_i) > 2,58 (z_{crit}), ist die Tendenz der beobachteten Leistungsveränderung (Leistungsanstieg) im Vergleich zur Ausgangstestung auf dem 1%-Niveau der Verläßlichkeit signifikant, d.h. es kann eine tatsächliche Merkmalsänderung während des hier berücksichtigten Zeitraumes nachgewiesen werden. Diese Feststellung kann als Hinweis dafür gelten, daß sich die spezifische Behandlungsstrategie im Sinne einer kontinuierlichen Leistungsverbesserung bewährt hat.

4.2 Überprüfung der Ausgangsdiagnose

Kann bei einem legasthenen Schüler im Verlauf der Therapie eine positive Entwicklungstendenz im Lesen/Rechtschreiben nachgewiesen werden, so sollte man gegebenenfalls überprüfen, ob er noch als Legastheniker bezeichnet werden muß, oder ob die Spezialförderung als erfolgreich abgeschlossen gelten kann.
Zur Beantwortung dieser Fragestellung bedienen wir uns des oben aufgezeigten Diagnoseschemas (s. S. 29f.). Bei einer schweren Legasthenie, die kaum in Jahresfrist behoben sein wird, empfiehlt sich zu diesem Zweck eine erneute Intelligenzuntersuchung, deren Ergebnis man mit den letzten Testwerten im Lesen und/oder Rechtschreiben vergleicht. Bei leichteren Fällen, die mitunter in kürzerer Zeit erfolgreich behandelt werden können, mag das Resultat der ersten Intelligenzuntersuchung zur Überprüfung der Diskrepanz herangezogen werden.
Sollte mindestens eines der beiden kritischen Diagnosekriterien nicht mehr zutreffen, dann ist generell eine Förderung im Rahmen des normalen Klassenunterrichtes möglich und angeraten. Im Einzelfall kann bei

etwa noch andauernden Verhaltensauffälligkeiten anders entschieden werden. Doch sollte dann die weitere Therapieplanung mit dem Schulpsychologen abgesprochen werden.

5. Darstellung der Daten im Protokollbogen*

Ein Fallbeispiel

(A) Zum Diagnoseverfahren

1. Leistungsbeschreibung

1.1 Eintragung der ermittelten Testergebnisse in den Protokollbogen. Alle Werte werden in T-Einheiten ausgedrückt (zur Umwandlung dienen Tab. 1–3) und mit ihren Vertrauenswerten angegeben (auch in T-Einheiten, s. Tab. 4, $C_{(p=0,05)}$).

1.2 Graphische Darstellung der Testergebnisse mit Skizzierung der Vertrauensintervalle.

1.3 Eintragen der Schulleistungen durch Kenntlichmachung der erreichten Noten.

Vergleiche Protokollbogen   **Fallbeispiel**

1.1 Um bei Jürgen M. einen bestehenden Verdacht auf Legasthenie abzuklären, wurden bei der Eingangstestung folgende Verfahren eingesetzt: HAWIK (Hamburg-Wechsler Intelligenztest für Kinder, Huber, Bern · Stuttgart), DRT 2, LT 2 und SBL 2 LF–E jeweils Form A (alle Beltz, Weinheim), KAT (Kinder Angst Test, Dr. C. J. Hogrefe, Göttingen).

---
* Der Protokollbogen kann beim Verlag direkt bezogen werden. (10fach Sätze, Best.-Nr. 62015)

Die zur Ermittlung der Vertrauenswerte benötigten Reliabilitätskoeffizienten wurden dem Anhang (6.2) bzw. den Testanweisungen (HAWIK, KAT) entnommen; dabei wurden die nach der Testhalbierungsmethode errechneten Werte gewählt: HAWIK: 93 IQ → 45 T; r_{tt} (8jährige) = 0,92; $C_{(p=0,05)}$ = 5,54. DRT 2 Form A: PR{6–10} → 35,82 T; $r_{tt} = 0,92$; $C_{(p=0,05)} = 5,54$. LT 2 Form A: 35 T; $r_{tt} = 0,94$; $C_{(p=0,05)} = 4,80$ usw.

1.2 Aus der graphischen Darstellung ist bereits ersichtlich, daß der Proband sowohl im Rechtschreiben wie auch im leisen und lauten Lesen unterdurchschnittliche Werte erzielte (keines der Vertrauensintervalle ragt in den Durchschnittsbereich: PR 25 bis PR 75 hinein).

1.3 Jürgens Schulnoten für die einzelnen Fächer wurden durch Einkreisen markiert.

2. Anamnestische Daten
Siehe Protokollbogen!

3. Interindividueller Leistungsvergleich
Sowohl Lese- als auch Rechtschreibleistung des Pro-

banden werden mit den Leistungen der Gesamtpopulation verglichen.

Die Ergebnisse werden unter Berücksichtigung des Vertrauenswertes klassifiziert. Untere und obere Grenzen ergeben sich nach Formel (2.3) und (2.4); es wird also der Vertrauenswert vom Meßwert abgezogen bzw. ihm zugezählt.

Werden alle Leistungen mit mindest durchschnittlich klassifiziert, so kann das Diagnoseverfahren hier abgebrochen werden, da die erste notwendige Bedingung nicht zutrifft.

Fallbeispiel

Bei Jürgen wurde das Rechtschreiben, leises und lautes Lesen überprüft. Alle drei Leistungen sind unterdurchschnittlich, da $CL_o < 43.26\,T$ (s. a. 1.2 graphische Darstellung).

4. Intraindividueller Leistungsvergleich
4.1 Berechnung der beobachteten Differenz zwischen Rechtschreib/Lese- und Intelligenzwert.
4.2 Vergleich der beobachteten Differenz mit der kritischen Differenz (d_{crit} aus Tab. 5); eine erhebliche Differenz liegt vor, wenn beob. Diff. $\geq$ krit. Diff.

4.3 Ob eine erhebliche Differenz vorliegt, wird durch Unterstreichung des Zutreffenden (ja/nein) angezeigt; in der letzten Spalte (p) wird die gewählte Irrtumswahrscheinlichkeit festgehalten.

4.4 Wird der Differenzwert von Intelligenzleistung minus Lese/Rechtschreibleistung (T) negativ, so kann hier abgebrochen werden, da die zweite notwendige Bedingung nicht erfüllt ist; ebenso falls keine erhebliche Differenz ($p \leq 0{,}01$) vorliegt.

Fallbeispiel Rechtschreibleistung wie Leseleistungen unterscheiden sich erheblich von der Intelligenz des Probanden (beide Bereiche sind im Vergleich zur Intelligenz wesentlich schlechter ausgeprägt). Die Diskrepanz zwischen Intelligenz- und Leseleistung (leise und laut) ist auf dem 1%-Niveau abgesichert.

5. Qualitativer Befund
Kurze Zusammenfassung der bereits auf den Testbögen notierten Auffälligkeiten (einschließlich Verhaltensbeobachtung).
Vergleiche Protokollbogen!

6. Diagnose

6.1 Entscheidung über das Vorliegen einer Legasthenie (Zutreffendes unterstreichen).

6.2 Besondere Merkmale: Charakterisierung der Legasthenie.
Intelligenzklassifizierung erfolgt nach Tab. 6 unter Beachtung des Vertrauensintervalls.
Grad der Leistungsschwäche gemäß Kapitel 2.2.2.
Erwähnen vorliegender Besonderheiten (Kap. 2.3).

6.1 Bei Jürgen liegt eine Legasthenie vor. **Fallbeispiel**

6.2 Niedrige bis durchschnittliche Intelligenz, da das Vertrauensintervall des Intelligenzwertes von 39,46 T bis 50,54 T reicht und somit in die Klassen niedriger und durchschnittlicher Intelligenz fällt. Schwerer Leistungsausfall, da die Leistungen im Lesen und die Rechtschreibleistung deutlich unterdurchschnittlich sind.
Besonderheiten: siehe Protokollbogen.

7. Förderungsvorschlag
Siehe Protokollbogen! (Fördervorschläge sollten möglichst konkret und auf die schulische Situation bezogen sein.)

(B) Therapiekontrolle

1. Leistungsverlauf

1.1 Eintragen der während der Behandlung ermittelten Testergebnisse (Rechtschreiben und Lesen) in T-Einheiten.

1.2 Überprüfung eines möglichen Leistungsfortschrittes auf Überzufälligkeit (Kap. 4.1); Vergleich der Eingangsuntersuchung mit den übrigen Testwerten zur Kontrolle des Leistungsverlaufes.

1.3 Beschreibung des Leistungsverlaufes sowie qualitativer Merkmale.

Fallbeispiel 1.1 Nach der Eingangsuntersuchung mit dem DRT 2, Form A (am 11.6.74) wurde die Rechtschreibleistung des Probanden mit DRT 3, A (am 4.4.75)

und DRT 3, B (3. 6. 75) überprüft. In der zeitlichen Reihenfolge ergaben sich folgende T-Werte: 35,82; 41 und 41.
Leseleistung: siehe Protokollbogen

1.2 Die Werte z_1 und z_2 wurden nach Formel (4.3) errechnet; die Signifikanzprüfung erfolgte nach Formel (4.4).
Beispiel Leseleistung:

$$z_1 = \frac{32-35}{3,87} = -0,775; \quad z_2 = \frac{38-35}{4,0} = +0,75;$$

$$z_3 = \frac{42-35}{3,74} = +1,872;$$

Die jeweiligen Nenner werden aus Tab. 7 abgelesen unter den Reliabilitätskoeffizienten von 0,91/0,94; 0,90/0,94; 0,92/0,94.
Bei Jürgen ließ sich kein signifikanter Anstiegstrend bei der Leseleistung nachweisen ($z_1 + z_2 + z_3 < 1,96$).
Der Anstiegstrend im Rechtschreiben ist bedeutsam.

1.3 Siehe Protokollbogen!

2. *Überprüfung der Diagnose vom ...*
a) Interindividueller Leistungsvergleich:
Klassifikation der Leistungen im Rechtschreiben und Lesen nach einer bestimmten Behandlungsdauer. (Vorgehensweise entsprechend Punkt 3 der Diagnose).

b) Intraindividueller Leistungsvergleich:
Ist die Diskrepanz zwischen Lese/Rechtschreibleistung und Intelligenz noch bedeutsam? (Vorgehensweise entsprechend Punkt 4 der Diagnose.)

Fallbeispiel Aufgrund der Ergebnisse im intraindividuellen Leistungsvergleich – 2b) – ergibt sich, daß Jürgen nicht mehr zur Gruppe der Legastheniker zu zählen ist. Da die letzte Intelligenztestung bereits ca. ein Jahr zurücklag, wurde seine Intelligenz erneut überprüft (FDA 3–4, A; $r_{tt} = 0{,}94$). (Vgl. Protokollbogen.) Die noch zu beobachtenden bedingten Leistungsschwächen im Lesen und Rechtschreiben können im Rahmen des Klassenunterrichtes angegangen werden.

Diagnose- und Verlaufsprotokoll
zur Erfassung und Behandlung legasthener Schüler

Name __M.__   Vorname __Jürgen__   Alter __8;10__

Klasse __2__   Schulbesuchsjahr __2__   Schule __Grundschule M.__

1. Leistungsbeschreibung

Leistungs-bereich	Datum	Test	r_{tt}	Ergebnis	$C_{0,05}$
Intelligenz	18.6.74	HAWIK	0,92	45 T	5,54
Rechtschreiben	11.6.74	DRT2,A	0,92	35,82 T	5,54
Lesen (leise)	12.6.	LT2,A	0,94	35 T	4,80
Lesen (laut)	14.6.	SBL 2 LF-E,A	0,95	35 T	4,38
"Angst"	12.6.	KAT	0,79	62,27 T	8,98
				T	

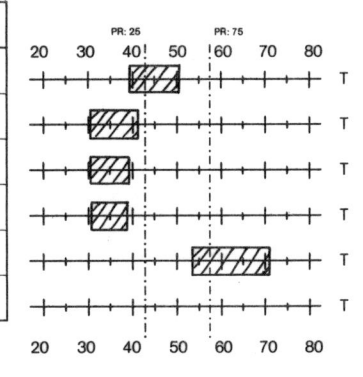

Schulleistung:

Rechtschreiben	6	⑤	4	3	2	1
Lesen	⑥	5	4	3	2	1
Ausdruck (mdl.)	6	5	4	③	2	1
Ausdruck (schriftl.)	6	5	④	3	2	1
Sachunterricht	6	5	4	③	2	1
Mathematik	6	5	4	③	2	1

2. Anamnestische Daten / Verhaltensmerkmale

Nach Aussage der Eltern:

2 ältere Brüder,
zartes und zurückhaltendes Kind,
bis Schuleintritt keine Auffälligkeiten in der Entwicklung;

Lehreraussage:

konzentrationsschwach, "abwesend", ruhig (Träumer);
kontaktarm, weint häufig in Versagungssituationen;
keine sprachlichen Auffälligkeiten; Hör- und Sehprobe ohne Befund

3. Interindividueller Leistungsvergleich

Rechtschreiben

Leistungswert	X	35,82 T
Vertrauenswert	C	5,54 T
obere Grenze	CL_o	41,36 T
untere Grenze	CL_u	30,28 T

Klassifikation unterdurchschnittlich

wenn CL_o < 43,26 T ⟶ unterdurchschnittliche Leistung
wenn CL_u < 43,26 T ≤ CL_o ⟶ bedingt unterdurchschnittliche Leistung
wenn CL_u ≥ 43,26 T ⟶ mindestens durchschnittliche Leistung

Lesen   (leise/laut)

Leistungswert	X	35 /35 T
Vertrauenswert	C	4,80/4,38 T
obere Grenze	CL_o	39,80/39,38 T
untere Grenze	CL_u	30,20/30,62 T

Klassifikation unterdurchschn. (leise+laut)

4. Intraindividueller Leistungsvergleich

Intelligenz	Leistungswert (T)			beob. Diff.		krit. Diff. (5% / 1%)	erhebl. Diff.	p
45	−	35,82	=	9,18	≥ <	7,84 (5%)	→ ja / nein	≤ 5%
	Rechtschreiben							
	−	35/35	=	10	≥ <	9,65/ 9,30 (1%)	→ ja / nein	≤ 1%
	Lesen							

(leise/laut)

5. Qualitativer Befund

Rechtschreiben
Fehlerschwerpunkte (MÜLLER, R.):

    Merkfehler (36 T)
    Wahrnehmungsfehler: WU, WD, WR (36 T) ;

Schriftbild weist auf unzureichend gesteuerte Feinmotorik hin (Knickungen, Lötstellen, Schwärzungen).

Lesen
Stark verlangsamtes Lesetempo, Stockungen;
Tendenz zur Selbstkorrektur;
Wortersetzungen.

6. Diagnose

Es liegt eine / keine Legasthenie vor.

Besondere Merkmale:

Bei niedrig bis durchschnittlicher Intelligenz unterdurchschnittliche Leistungen im Lesen (laut u. leise) und Rechtschreiben; der Leistungsausfall ist als schwer zu charakterisieren.
Eine Gefährdung in anderen Schulleistungsbereichen i.S. einer Sekundärsymptomatik deutet sich vor allem im Verbalteil des HAWIK an (Diskrepanz V-IQ-H-IQ); Minderleistungen insbesondere bei RD (4WP), AW (6WP) und WT (7WP);
Aus dem KAT ergibt sich ein Hinweis auf ein leicht überhöhtes Niveau allgemeiner Ängstlichkeit, das leistungshemmenden Einfluß haben könnte.

7. Förderungsvorschlag

Die Förderung im Rahmen einer Kleingruppe ist unerläßlich; 3 mal wöchentl. 1/2 Stunde.

Notwendigkeit eines intensiven Leselehrganges, Einprägung eines festen Grundbestandes an Häufigkeitswörtern, Schulung der akustischen Wahrnehmungs- und Differenzierungsfähigkeit.

Anbahnung positiver Kommunikationsmöglichkeiten im Rahmen der Kleingruppe sowie des Klassenverbandes.

Abklärung der Angstsymptomatik ist notwendig (Verhaltensbeobachtung).

Ort _Mainz_ Datum _19.6.74_ Untersuchungsleiter _Unterschrift_

THERAPIEKONTROLLE

1. Leistungsverlauf

Rechtschreiben

Test	r_{tt}	Datum	Ergebnis
DRT2,A	.92	11.6.74	35,82 T
DRT3,A	.92	4.4.75	41 T
DRT3,B	.92	3.6.75	41 T
			T
			T

$z_1 = 1,295$
$z_2 = \underline{1,295}$
$\ 2,59 > 2,58$ (z_{crit} für $p \leq 0.01$)

Lesen (leise)

Test	r_{tt}	Datum	Ergebnis
LT2,A	.94	12.6.74	35 T
SVL3,A	.91	5.2.75	32 T
SVL3,B	.90	4.4.75	38 T
Lesen3,A	.92	3.6.75	42 T
			T

$z_1 = -0,775$
$z_2 = +0,750$
$z_3 = \underline{+0,872}$
$\ 1,847 < 1,96$ (z_{crit} für $p \leq 0.05$)

Anmerkungen zum Leistungsverlauf:

(signifikante Verbesserungen / Verschlechterungen; qualitative Merkmale)

Signifikanter ($p \leq 0.01$) Anstiegstrend der Leistungen im Rechtschreiben; im Rechtschreiben noch eine Wahrnehmungssymptomatik mit Schwerpunkt im Bereich der Wahrnehmungstrennschärfe.

Ein kontinuierlicher Anstiegstrend der Leseleistung (leise) kann nicht nachgewiesen werden.
Lautes Lesen: vorbereitete Lesetexte werden fehlerfrei und mit sinnbezogener Betonung gelesen.

Deutlich bessere Mitarbeit im Sachunterricht sowie im Rechnen.

Schwierigkeiten bei der Gestaltung kleiner Aufsätze (eingeschränkte Wortwahl - Vermeiden orthographisch schwieriger Wörter).

2. Überprüfung der Diagnose vom 19.6.74

a) Interindividueller Leistungsvergleich

Rechtschreiben

Leistungswert	X	41	T
Vertrauenswert	C	5,54	T
obere Grenze	CL_o	46,54	T
untere Grenze	CL_u	35,46	T

Klassifikation bedingt unterdurchschnittlich

Lesen

Leistungswert	X	42	T
Vertrauenswert	C	5,54	T
obere Grenze	CL_o	47,54	T
untere Grenze	CL_u	36,46	T

Klassifikation bed. unterdurchschn.

wenn CL_o < 43,26 T ⟶ unterdurchschnittliche Leistung
wenn CL_u < 43,26 T ≤ CL_o ⟶ bedingt unterdurchschnittliche Leistung
wenn CL_u ≥ 43,26 T ⟶ mindestens durchschnittliche Leistung

b) Intraindividueller Leistungsvergleich

	Leistungswert (T)			beob. Diff.	krit. Diff. (5 % / 1 %)		erhebl. Diff.	p
Intelligenz	FDA 3-4, Form A 47 6.6.75	−	41 = Rechtschreiben	6	≥ ≤	7,33 (5%)	→ ja / nein	−
		−	42 = Lesen	5	≥ ≤	7,33 (5%)	→ ja / nein	−

Es liegt eine / keine Legasthenie vor, jedoch ist noch eine bedingte Leistungsschwäche im Lesen und Rechtschreiben zu konstatieren.

Weitere Maßnahmen: Förderung im Klassenverband erscheint als ausreichend
(Beginn: im neuen Schuljahr)

Ort _Mainz_ Datum _9.6.75_ Untersuchungsleiter _Unterschrift_

6. Anhang

6.1 Tabellen

Tabelle 1: Umwandlung der IQ-Werte in T-Werte

IQ	T	IQ	T	IQ	T
55	20,00	85	40,00	115	60,00
56	20,67	86	40,67	116	60,67
57	21,33	87	41,33	117	61,33
58	22,00	88	42,00	118	62,00
59	22,67	89	42,67	119	62,67
60	23,33	90	43,33	120	63,33
61	24,00	91	44,00	121	64,00
62	24,67	92	44,67	122	64,67
63	25,33	93	45,33	123	65,33
64	26,00	94	46,00	124	66,00
65	26,67	95	46,67	125	66,67
66	27,33	96	47,33	126	67,33
67	28,00	97	48,00	127	68,00
68	28,67	98	48,67	128	68,67
69	29,33	99	49,33	129	69,33
70	30,00	100	50,00	130	70,00
71	30,67	101	50,67	131	70,67
72	31,33	102	51,33	132	71,33
73	32,00	103	52,00	133	72,00
74	32,67	104	52,67	134	72,67
75	33,33	105	53,33	135	73,33
76	34,00	106	54,00	136	74,00
77	34,67	107	54,67	137	74,67
78	35,33	108	55,33	138	75,33
79	36,00	109	56,00	139	76,00
80	36,67	110	56,67	140	76,67
81	37,33	111	57,33	141	77,33
82	38,00	112	58,00	142	78,00
83	38,67	113	58,67	143	78,67
84	39,33	114	59,33	144	79,33

Tabelle 2: Umwandlung der Prozentränge in T-Werte

PR	T	PR	T
1	26,74	26	43,57
2	29,46	27	43,87
3	31,19	28	44,17
4	32,49	29	44,47
5	33,55	30	44,76
6	34,45	31	45,04
7	35,24	32	45,32
8	35,95	33	45,60
9	36,59	34	45,88
10	37,18	35	46,15
11	37,73	36	46,42
12	38,25	37	46,68
13	38,74	38	46,95
14	39,20	39	47,21
15	39,64	40	47,47
16	40,06	41	47,72
17	40,46	42	47,98
18	40,85	43	48,24
19	41,22	44	48,49
20	41,58	45	48,74
21	41,94	46	49,00
22	42,28	47	49,25
23	42,61	48	49,50
24	42,94	49	49,75
25	43,26	50	50,00

PR	T	PR	T
51	50,25	76	57,06
52	50,50	77	57,39
53	50,75	78	57,72
54	51,00	79	58,06
55	51,26	80	58,42
56	51,51	81	58,78
57	51,76	82	59,15
58	52,02	83	59,54
59	52,28	84	59,94
60	52,53	85	60,36
61	52,79	86	60,80
62	53,05	87	61,26
63	53,32	88	61,75
64	53,58	89	62,27
65	53,85	90	62,82
66	54,12	91	63,41
67	54,40	92	64,05
68	54,68	93	64,76
69	54,96	94	65,55
70	55,24	95	66,45
71	55,53	96	67,51
72	55,83	97	68,81
73	56,13	98	70,54
74	56,43	99	73,26
75	56,74		

Tabelle 3: Umwandlung von *PR-Bändern* in *T-Bänder* einschließlich mittlerem *T-Wert* ($\hat{T}$) für DRT 2 und DRT 3

PR	T	$\hat{T}$
6–10	34,45–37,18	35,82
11–15	37,73–39,64	38,68
16–20	40,06–41,58	40,82
21–25	41,94–43,26	42,60
26–35	43,57–46,15	44,86
36–50	46,42–50,00	48,21
51–65	50,25–53,85	52,05
66–75	54,12–56,74	55,43
76–85	57,06–60,36	58,71
86–90	60,80–62,82	61,81
91–95	63,41–66,45	64,93

Tabelle 4: Standardmeßfehler (s_e) und Vertrauenswerte (C) in T-Einheiten bei unterschiedlichen Reliabilitätskoeffizienten

r_{tt}	0,86	0,87	0,88	0,89	0,90	0,91	0,92
s_e	3,74	3,61	3,46	3,32	3,16	3,00	2,83
$C_{(p=0,05)}$	7,33	7,07	6,79	6,50	6,20	5,88	5,54
$C_{(p=0,01)}$	9,65	9,30	8,94	8,56	8,16	7,74	7,30

r_{tt}	0,93	0,94	0,95	0,96	0,97	0,98
s_e	2,65	2,45	2,24	2,00	1,73	1,41
$C_{(p=0,05)}$	5,19	4,80	4,38	3,92	3,39	2,77
$C_{(p=0,01)}$	6,83	6,32	5,77	5,16	4,47	3,65

$$s_e = 10 \cdot \sqrt{1-r_{tt}} \quad (T)$$
$$C_{(p=0,05)} = 1,96 \cdot 10 \cdot \sqrt{1-r_{tt}} \quad (T)$$
$$C_{(p=0,01)} = 2,58 \cdot 10 \cdot \sqrt{1-r_{tt}} \quad (T)$$

Tabelle 5: *Kritische Differenzen (in T-Einheiten)*
(obere Hälfte: $p = 0{,}01$; untere Hälfte: $p = 0{,}05$)

r_{11}, r_{22}: Reliabilitätskoeffizienten der Testverfahren

$$d_{\text{crit}(p=0{,}05)} = 1{,}96 \cdot 10 \cdot \sqrt{2 - (r_{11} + r_{22})}$$
$$d_{\text{crit}(p=0{,}01)} = 2{,}58 \cdot 10 \cdot \sqrt{2 - (r_{11} + r_{22})}$$

r_{11} \ r_{22}	0,86	0,87	0,88	0,89	0,90	0,91	0,92	0,93	0,94	0,95	0,96	0,97	0,98
0,86	13,65 / 10,37	13,41	13,16	12,90	12,64	12,37	12,10	11,82	11,54	11,25	10,95	10,64	10,32
0,87	10,18	13,16 / 9,99	12,90	12,64	12,37	12,10	11,82	11,54	11,25	10,95	10,64	10,32	9,99
0,88	9,99	9,80	12,64 / 9,60	12,37	12,10	11,82	11,54	11,25	10,95	10,64	10,32	9,99	9,65
0,89	9,80	9,60	9,40	12,10 / 9,19	11,82	11,54	11,25	10,95	10,64	10,32	9,99	9,65	9,30
0,90	9,60	9,40	9,19	8,98	11,54 / 8,77	11,25	10,95	10,64	10,32	9,99	9,65	9,30	8,94
0,91	9,40	9,19	8,98	8,77	8,54	10,95 / 8,32	10,64	10,32	9,99	9,65	9,30	8,94	8,56
0,92	9,19	8,98	8,77	8,54	8,32	8,08	10,32 / 7,84	9,99	9,65	9,30	8,94	8,56	8,16
0,93	8,98	8,77	8,54	8,32	8,08	7,84	7,59	9,65 / 7,33	9,30	8,94	8,56	8,16	7,74
0,94	8,77	8,54	8,32	8,08	7,84	7,59	7,33	7,07	8,94 / 6,79	8,56	8,16	7,74	7,30
0,95	8,54	8,32	8,08	7,84	7,59	7,33	7,07	6,79	6,50	8,16 / 6,20	7,74	7,30	6,83
0,96	8,32	8,08	7,84	7,59	7,33	7,07	6,79	6,50	6,20	5,88	7,30 / 5,54	6,83	6,32
0,97	8,08	7,84	7,59	7,33	7,07	6,79	6,50	6,20	5,88	5,54	5,19	6,32 / 4,80	5,77
0,98	7,84	7,59	7,33	7,07	6,79	6,50	6,20	5,88	5,54	5,19	4,80	4,38	5,16 / 3,92

Tabelle 6: Klassifizierung des Intelligenzniveaus nach Wechsler[9]

Klassifizierung	IQ-Grenzen	T-Grenzen[10]
Extrem hohe Intelligenz	130 und mehr	70,235 und mehr
Sehr hohe Intelligenz	120–129	63,490–70,234
Hohe Intelligenz	110–119	56,745–63,489
Durchschnittliche Intelligenz	90–109	43,255–56,744
Niedrige Intelligenz	80– 89	36,510–43,254
Sehr niedrige Intelligenz	70– 79	29,765–36,509
Extrem niedrige Intelligenz (Schwachsinn)	69 und weniger	29,764 und weniger

---

9 *Wechsler, D., Hardesty, A. und Lauber, H.*: Die Messung der Intelligenz Erwachsener: Textband zum Hamburg-Wechsler-Intelligenztest für Erwachsene – HAWIE. Bern und Stuttgart 1956.

10 Die Abstände der Klassen als Vielfache des wahrscheinlichen Fehlers.

Tabelle 7: Standardmeßfehler von Meßwertdifferenzen in T-Einheiten

$$s_{e(d)} = 10 \cdot \sqrt{2 - (r_{11} + r_{22})}$$

r_{11} \ r_{22}	0,86	0,87	0,88	0,89	0,90	0,91	0,92	0,93	0,94	0,95	0,96	0,97	0,98
0,86	5,29												
0,87	5,20	5,10											
0,88	5,10	5,00	4,90										
0,89	5,00	4,90	4,80	4,69									
0,90	4,90	4,80	4,69	4,58	4,47								
0,91	4,80	4,69	4,58	4,47	4,36	4,24							
0,92	4,69	4,58	4,47	4,36	4,24	4,12	4,00						
0,93	4,58	4,47	4,36	4,24	4,12	4,00	3,87	3,74					
0,94	4,47	4,36	4,24	4,12	4,00	3,87	3,74	3,61	3,46				
0,95	4,36	4,24	4,12	4,00	3,87	3,74	3,61	3,46	3,32	3,16			
0,96	4,24	4,12	4,00	3,87	3,74	3,61	3,46	3,32	3,16	3,00	2,83		
0,97	4,12	4,00	3,87	3,74	3,61	3,46	3,32	3,16	3,00	2,83	2,65	2,45	
0,98	4,00	3,87	3,74	3,61	3,46	3,32	3,16	3,00	2,83	2,65	2,45	2,24	2,00

6.2 Testverfahren[11] zur Überprüfung der Lese-, Rechtschreib- und Intelligenzleistung im Rahmen der Legastheniediagnose

Testverfahren	Anwendungs-bereich (Alter)	Zuverlässigkeitskoeffizient (r_{tt})		
		split-half (korrigiert)	Rulon KR 20	Paralleltest A, B, C

Lesetests

SBL 1 Ende der 1. Klasse (Anfang der 2. Klasse)

LF-E (laut)
Form A 0,95
Form B 0,94
Form A, B 0,93

LF-G (leise)
Form A 0,92
Form B 0,93
Form A, B 0,87

---

11 Soweit nicht ausdrücklich anders vermerkt, sind alle Tests bei Beltz, Weinheim, erschienen.

Testverfahren	Anwendungs-bereich (Alter)	Zuverlässigkeitskoeffizient (r_{tt})			
		split-half (korrigiert)	Rulon	KR 20	Parallel-test A,B,C
SBL 2	Ende der 2. Klasse (Anfang der 3. Klasse)				
LF-E (laut)					
Form A		0,95			
Form B		0,95			
Form A, B					0,93
BE (leise)					
Form A		0,84			
Form B		0,85			
Form A, B					0,73
LT 2	2. Halbjahr der 2. Klasse, 1. Vierteljahr der 3. Klasse				
Form A		0,95	0,94		
Form B		0,95	0,95		
Form A, B					0,88
Lesen 3	letztes Viertel der 3. Klasse				
Form A		0,92		0,90	
Form B		0,90		0,90	

Testverfahren	Anwendungs-bereich (Alter)	Zuverlässigkeitskoeffizient (r_{tt})			
		split-half (korrigiert)	Rulon	KR 20	Paralleltest A, B, C
SVL 3	Ende 2. Schulj., 1. Halbjahr der 3. Klasse				
Form A				0,91	
Form B				0,90	
Form A, B					0,78
Lesen 4	letzes Viertel der 4. Klasse				
Form A		0,87		0,86	
Form B		0,87		0,86	
VL 5–6	5. und 6. Klasse Hauptschule				
Form A		0,89			
Form B		0,91			
Form A, B					0,83
VL 7–9	7. bis 9. Klasse Hauptschule				
Form A		0,91			
Form B		0,91			
Form A, B					0,83

Testverfahren	Anwendungs-bereich (Alter)	Zuverlässigkeitskoeffizient (r_{tt})			
		split-half (korrigiert)	Rulon	KR 20	Paralleltest A, B, C

Rechtschreibtests

SBL 1 — Ende der 1. Klasse (Anfang der 2. Klasse)

Form A		0,95			
Form B		0,93			
Form A, B					0,92

SBL 2 — Ende der 2. Klasse (Anfang der 3. Klasse)

Form A		0,93			
Form B		0,91			
Form A, B					0,90

RST 1 — Ende des 1. Schuljahres

		0,92			

Testverfahren	Anwendungs-bereich (Alter)	Zuverlässigkeitskoeffizient (r_{tt})			
		split-half (korrigiert)	Rulon	KR 20	Paralleltest A, B, C
DRT 2	letzte 4 Monate des 2. Schulj.				
Form A		0,92			
Form B		0,92			
Form A, B					0,90
DRT 3	letzte 4 Monate des 3. Schulj.				
Form A		0,92			
Form B		0,92			
Form A, B					0,90
Rechtschreibung 3	letztes Viertelj. der 3. Klasse				
Form A		0,93		0,92	
Form B		0,93		0,93	
Rechtschreibung 4	letztes Viertelj. der 4. Klasse				
Form A		0,91		0,92	
Form B liegt nicht vor					

Testverfahren	Anwendungs-bereich (Alter)	Zuverlässigkeitskoeffizient (r_{tt})			
		split-half (korrigiert)	Rulon	KR 20	Paralleltest A, B, C
RST 4+	ab Mitte 4. Klasse, Anfang 5. Kl.				
Form A, B, C					0,94
DRT 4–5	Mitte 4. Klasse bis Mitte 5. Kl.				
Form A				0,98	
Form B				0,98	
Form A, B					0,94
RST 8+	ab Mitte 8. Klasse				
Form A, B, C					0,92

Intelligenztests

BT 1–2	1. und 2. Klasse				
		0,94			
1. Schj.					0,92
2. Schj.					0,91

Testverfahren	Anwendungs-bereich (Alter)	Zuverlässigkeitskoeffizient (r_{tt})			
		split-half (korrigiert)	Rulon	KR 20	Parallel-test A, B, C
BT 2–3	letztes Viertelj. der 1. Klasse, 2. Klasse und 1. Halbjahr der 3. Klasse				
Form A		0,94			
FDA 3–6					
FDA 3–4	3. u. 4. Klasse				
Form A		0,94			
Form B		0,94			
FDA 5–6	5. u. 6. Klasse				
Form A		0,95			
Form B		0,95			
CFT 2[12]	ab 9;0 bis 15;0 (4. Grundschulklasse bis 9. Hauptschulklasse)				
Form A		0,93			

---

[12] Westermann Verlag, Braunschweig 1972.

6.3 Literaturangaben zu den Bestimmungen der Bundesländer

Baden-Württemberg
Richtlinien für die Betreuung von Schülern mit isolierter Lese-Rechtschreibschwäche, Amtsblatt des Kultusministeriums Baden-Württemberg, „Kultus und Unterricht", S. 1173–1182, Bekanntmachung vom 27. Juli 1973, U A II 3013/60.

Bayern
Förderung von Schülern mit isolierter Lese-Rechtschreibschwäche (Legasthenie) in Bayern, Ergänzende Bestimmungen zur Allgemeinen Schulordnung für die Volksschulen in Bayern (EBASchOVo) vom 18. September 1974, – KMBl. Nr. 21 vom 14. Oktober 1974, S. 1513.

Berlin
Ausführungsvorschriften zur Förderung von Schülern mit Lese- und Rechtschreibschwierigkeiten in der Grundschule, Amtsblatt für Berlin 24. Jahrgang Nr. 58, 13. Dezember 1974, S. 1511, Ausf. Vorschr. v. 3. 12. 1974 – Schul II c A 3 –.

Grundschule in der Diskussion 3, Herausgeber: Der Senator für Schulwesen – Pressestelle –, März 1975.

Bremen
Förderung von Schülern mit einer Lese-Rechtschreibschwäche (LRS), Schulen im Lande Bremen, Rundschreiben des Senators für Bildung, Wissenschaft und Kunst, (30–1) – 14–10/1, o. J.

Hamburg
LRS-Rundbrief, Dienststelle Schülerhilfe der Freien und Hansestadt Hamburg, LRS-Referat, April 1975.

Hessen
In Hessen liegen zur Zeit weder Richtlinien noch Erlasse vor. (Briefliche Mitteilung vom 25. Juni 1975, Az. II A 5 – 161/16 – 10 –.)

Niedersachsen
Förderung von Schülern mit Lese-Rechtschreibschwäche (Legasthenie), Erlaß des MK vom 24. 8. 1972 – 3014 – 200/6/1 – S – 4/72 – GültL. 152/140.

Nordrhein-Westfalen
Richtlinien zur Förderung von Schülern mit isolierter Lese-Rechtschreibschwäche (LRS), – II A 5. 70 – 20/0 Nr. 2008/73, vom 4. Oktober 1973.

Rheinland-Pfalz und das Saarland
Richtlinien zur Förderung legasthener Schüler in Rheinland-Pfalz und im Saarland, Rundschreiben des Kultusministeriums vom 1. Dezember 1972 – IV B 6 Tgb. Nr. 2807 –.

Schleswig-Holstein
Förderung von Schülern mit Lese-Rechtschreibschwäche, Nachrichtenblatt des Kultusministers des Landes Schleswig-Holstein 1973, Nr. 10/11, S. 136f., Erlaß des Kultusministers vom 29. Mai 1973 – X P 3 – 518.12 – 5 –.